AF599883

ANTONIO PASTOR GAITERO

UN TREN SIN ESTACIONES

ANTONIO PASTOR GAITERO

UN TREN
SIN ESTACIONES

Prólogo
SOLEDAD SERRANO FABRE

HUERGA & FIERRO editores

Diseño de Colección: Huerga y Fierro

Primera edición: 2025

C/Sebastián Herrera, 9
28012 Madrid-España
Telf.: 91 467 63 61
www.huergayfierro.com
huerga@huergayfierro.com

I.S.B.N.: 979-13-990526-1-9
Depósito Legal: M-12531-2025
Impreso en Romadac Industria del Libro
Impreso en España/Printed and made in Spain

Prólogo

El tren que nunca se detuvo

Hoy vamos a acompañar a Antonio Pastor para charlar con él de aquellos trenes que se fueron sin llevarnos, o de aquellos en los cuales nunca llegaron los que siempre habíamos estado esperando. Es una de las constantes de su libro como lo es, quién lo duda, de nuestra propia vida.

¿Quién no ha perdido ese tren que nos hubiese llevado a un mundo más justo, más lleno de esperanza, nunca supimos dónde paró, sobre qué raíles fue desplazándose porque todos los vimos pasar raudos, a lo lejos, en otro anden, como un viento equivocado.

Y "seguimos inventando los ciclos de la luna" porque las sendas que pisamos nos obligan y la gente nos toma de la mano para que no miremos imposibles.

Él sabe que en un momento de nuestras vidas, hubo seres que se cruzaron con nosotros y nos mostraron con sus actitudes o palabras unas vías que antes nos habíamos percibido.

Soy de las que aseguran, y sé que Antonio piensa lo mismo, que el camino del hombre para llegar a ser "un hombre" es y será largo; que somos un proceso, que nos estamos construyendo a base de acierto y error y que hemos llegado hasta aquí cabalgando a hombros de gigantes y que todos aquellos que tomen el relevo, deberán iniciar su marcha desde el andén en el que nosotros nos vimos obligados a esperar para partir "solos, ligeros de equipaje" y no deberían olvidar nunca quién los precedió.

Este libro es un libro de amor, de amor y nostalgia de la sombra de aquello que perdimos y también la luz de todo lo que nos fue dado.

Él sabe que a pesar de la provisionalidad de la vida, el hombre posee un arma insuperable: las palabras. Y sólo con palabras, esas que siempre amó, intenta contarnos la impresión que le dejó contemplar ciertas verdades, observar ciertos adioses y trata de esbozar el difícil paisaje de lo que quedó atrás y de lo que permaneció a nuestro lado, fiel, indestructible como lo fueron sus sueños y sus esperanzas.

Es curioso pero, La Biblia nos dice:

"Al principio fue el verbo"

Y es que el hombre es el único ser que se conjuga como un verbo: tiene pasados, indefinidos, condicionales, imperativos... y tiene como base de su existencia esta conjugación.

El hombre lo investiga todo, Antonio lo hace y va y viene de sus dudas a sus certezas. El hombre lo abarca todo, hasta el átomo, pero nada sabe de sí mismo y esta es su desesperación, Puede saber lo que es una estrella, explicarla, verla, observar la luz que dejó aunque ésta ya no exista, pero explicar la vida...

El hombre podrá llegar a lugares donde jamás se pensó que podrían ser pisados... pero el hombre apenas sabe decir quién es él o qué hace aquí, ni tampoco por qué un día de forma trágica o serena, un tren se detiene en su estación y él, obediente, lo toma.

Por eso escribe Antonio para tratar de explicar las vidas de aquellos que fueron su pasado y que, en cierto modo, lo explican a él mismo. Este libro fue escrito como un conjuro contra la muerte. Es un intento de recuperar el espacio que ocupaban los ausentes, el tiempo que los sostuvo, la voz que se nos quedó apresada en la garganta.

Creo firmemente que las cosas suplican ser pensadas. Que las cosas nada son sin sus nombres, que las palabras son mucho más que una simple convención, que las cosas existen porque hay un ser que las nombra.

Alguien dijo que:

> *"Mirar es recorrer con los ojos lo que está ahí*
> *y conocer es buscar lo que no está ahí".*

Porque ciertamente alguien, por azar, puede llegar a nuestras vidas y en ese instante empezamos comprender, lo que hasta ese momento nos pareció imposible:

Él sabe que la vida es una posibilidad, pero que la muerte es la única certeza. Sólo somos palabras, con ellas intenta Antonio construir la vida y vencer a la muerte, Antonio sabe bien que "el pasado es un tren sin estaciones".

Concluyo esta pequeña introducción a un libro que es todo un canto de amor y de luz a pesar de tanta sombra con la esperanza de que tú, lector, camines a su lado, que entiendas su obsesión por el tiempo y te dejes llevar por su música y por su voz peculiar e inigualable.

SOLEDAD SERRANO FABRE

UN TREN SIN ESTACIONES

Es el pasado un tren que no regresa,
inmóvil se quedó en las estaciones
con niebla del olvido.
En cada estancia su pasado guarda
jugando al escondite con las sombras
que dejan los juguetes.
Sigo negando al tiempo su existencia,
¿Sabe la luna si la noche existe
en un reloj de arena?
El tiempo es un invento inexistente
que decide los pasos que no damos
cuando llega la sombra.
Sería si existiera una palabra
que abrazara la luz,
y no golpes de números precisos,
le dan razón los ecos del recuerdo
si al ayer en la inquietud regresan.

No existe el tiempo si al ayer acudes,
si pierdes pasos que el presente ocupa,
si el ayer nada enseña y se preocupa
de silenciar presentes inquietudes.

Aprended del pasado las virtudes,
no las bajezas que el recuerdo agrupa,
si en tu mente el rencor se desocupa
y recuerdas tu centro y latitudes,

regresa, para hacer firme el presente
y desechar cualquier silencio oscuro,
y eleva a ese pasado un alto muro

que te forje al ayer indiferente
y fuerzas de para cruzar el puente
y un hoy te ofrezca al fin firme y seguro.

El pasado se niega a ser olvido,
guardado en la alacena del recuerdo
inverna intemporal en la memoria,
se esconde y reaparece y nos reclama
que vivo en el ayer regresar quiere
paciente en ese tren que el tiempo espera.
Busca el presente el tren hacia el futuro,
no mira atrás porque al ayer ignora,
siendo el ayer ejemplo y enseñanza,
acierto fue si por ejemplo ofrece
lecciones en amor de paz y entrega,
y enseñanza de errores aprendidos
para rehacer el acto equivocado.
Pasamos del ayer al infinito
sin saber el presente que nos halla,
sin prestar atención a los recuerdos
que en nuestro ser labraron con sus pasos,
y cruza el tren veloz de nuestro tiempo
sin darnos cuenta que el andén no existe,
y todo es un adiós y no hay regreso.

No sé medir el tiempo de tu pérdida,
unas veces apenas se entretiene
en el silencio oscuro de la alcoba,
otras en cambio, quieto persevera
en el frío camino de una lágrima,
en otras retrocede cuando el beso
creyó que eterno fuera en nuestros labios.
No sé medir el tiempo de la espera
ni sé qué tiempo ocupa en este verso.
El tiempo es humo, niebla inconcebible
que marca los latidos que no damos
en un compás sin voz ni partitura.

Inventamos los ciclos de la luna
para seguir los pasos de la noche,
y no para soñar un beso cálido
si la luna a creciente se levanta.
Inventamos los ciclos de la aurora
para iniciar en la vereda el paso,
y no para enlazar luz y rocío,
o si la luz de la mañana sigue
pintando su color a las espigas.
Inventamos las horas, la disculpa,
para olvidar al vernos la sorpresa
y limitar así nuestros encuentros.

Rescato el beso que al presente acude,
restauro el mar que siempre nos espera,
y vuelvo a tu mirada, a tu sonrisa,
a tu noche de estrellas consteladas,
a tu aurora de espigas y de abejas
que siembran flores en el beso cálido.
Esto salvo de nuevo si es preciso
para que sepas que mi paz espera
la noche y la mañana de tus sueños.

Imparable, a pesar pasa, no pesa,
ni es alma o viento que desplace el agua,
sigue el tiempo a su paso, imperturbable,
y nunca se detiene si le llamas,
si lágrimas acuden a tu llanto
no vuelve la cabeza, ni te calma.
Ayer quise pararle un sólo instante,
volver atrás, al tiempo que me embarga,
al frío de sus labios traicioneros
que en el adiós mis besos se llevaban,
quise parar el tiempo un solo instante,
en ese adiós que obliga a recordarla,
deslizaba su mano de mi mano,
yo su mano en mis manos sujetaba,
no quiso detenerse ni un segundo
y en el mismo segundo se alejaban,
él marcha indiferente en sus latidos,
ella en sus pasos el futuro alcanza,
él sigue inalterable en su silencio,
mi tristeza a los dos los acompaña.

Para entregar cercanos los poemas,
ofreceré en tus manos las palabras,
abrazos de caricias en los versos
que aprueben en los actos esperanzas,
vivos en bocas que definen besos
los cantos que defiendan la enseñanza,
y en los pasos que nunca retroceden
se mantendrán erguidas las palabras.
Limpios los versos y limpios los pronombres,
clara la voz y el grito en la gramática,
la poesía es voz que canta en versos
y es en el agua sal, si el verso es agua.

Hay un tren descansando en los raíles,
eterno tren que siempre nos aguarda,
un tren sólo de adiós y despedida.
Llevamos un billete entre las manos
para ese tren que en el andén espera
con imborrable fecha que caduca
el antes o el después que se avecina.
Viajaremos allí donde la paz
es titular del sueño y del reposo
en un vagón de descansadas ansias.
Tantos pasos que dar y en el camino
es de día en su mirar temprano,
hacia ese tren los pasos se aceleran
y en la estación el tiempo se termina,
se balancea el reloj como un aviso
que señala el final de los trayectos.
Ese tren nos espera desde lejos
desde el primer suspiro,
desde la luz primera.

La pena es un ser vivo
que vivo se mantiene,
y ocupa el tiempo que el amor merece,
en cambio, la alegría es un instante
que juega al escondite,
es frágil y fugaz en la memoria,
en cambio, la tristeza te acompaña,
te persigue,
porfía en el recuerdo,
y mientras, la sonrisa perezosa
se olvida de jugar entre tus labios.
El tiempo del dolor es todo un mundo,
y pesa más que la alegría pesa,
por eso a veces caminar no puedes,
mas cuando aflora a tu semblante el beso
la sonrisa renace con sus alas
para elevarte al vuelo,
he ingrávido verás cómo sonríe
feliz, la cara oculta de la luna.

Sea toda enseñanza una pizarra
para borrar, para escribir de nuevo,
para aclarar la historia,
para borrar el daño,
para escribir un beso.
Pizarra sin castigos, sin mandatos,
sin profesor con regla,
con canciones y cuentos
que alarguen las sonrisas de los niños
para que crezcan sabios con el juego,
con tizas de colores, sin banderas,
con cuadernos en blanco
para escribir sin miedo,
y dibujar poemas
para crecer sin dueño.

A Laura Pastor Eugenio

Es verde el mar, es verde si lo miro
a través de tus ojos,
y verde el cielo y verde la esperanza.
Verde madera tu mirada verde,
y tus ojos de estrellas consteladas
serán campos de arroz en la albufera
de mi pecho, vivencia y alimento.

El trigo crece verde hacia la espiga,
y la semilla brota y enriquece
el campo y sus confines siderales,
y sucede la vida y sus misterios,
y el origen del fruto multiplica
la razón de vivir en armonía,
la razón de la savia desatada,
el pulso de la especie.

El tiempo suma y pasa, es insensible
al ciclo natural que nos persigue,
siendo incesante el paso de los años,
pero sabemos que el instante es nuestro
y nada puede eliminar un beso
si el abrazo destella en tus pupilas.

El tiempo no trepida en los relojes,
no saben las agujas en la esfera
si late el mar en sus circunferencias,
si la semilla espera el agua del otoño,
si crece el grano al sol en los plantíos,
si la tierra le ofrece su sustento
cuando acepta la vida en sus raíces.
Tú eres dueño del tiempo y las espigas
por mucho que resuenen las alarmas.

Tú estrella, y yo planeta enamorado,
y tantas vueltas di sobre tu esfera,
tanto giré sin alcanzar tus pasos
que orbito en el silencio de la noche
perdido entre las sombras, incesante,
en ese amor azul inalcanzable.
¿Quién mide el tiempo cuando el beso espera?

El pasado es memoria y abandono
su tiempo es un adiós de porcelana
que regresa al silencio de las ánforas
y en sus ecos de limo se diluye,
a veces se entretiene en el recuerdo
y nos señala culpables del olvido,
dueño se cree de todos sus instantes
y se presenta sin aviso previo.
Son recuerdos que vuelven sigilosos
al andén y al reloj de un tren que espera
recordar el trayecto de unos pasos
que fueron llama y pulso de unos besos.
Otros recuerdos quedan en la niebla
de un andén sin reloj que a nadie aguarda.

El pasado es un tren sin estaciones.

La vida es un paseo que provoca
brindar y alzar el vaso de cerveza,
sonreír distanciando la tristeza
abrazando al amor sí nos convoca.

Besa la vida besos en tu boca,
en el rojo dulzor de la cereza,
late tu pecho y late en mi cabeza
perdiendo la razón cuando te evoca.

Todo es pasión cuando la fiebre llega,
y la caricia de tu voz despierta
el minúsculo pulso del anhelo.

Juega la sinrazón y el beso juega,
la vida se desnuda y deja abierta
la huella de un volcán para el deshielo.

Me siento solo, y hablo con el gato,
él gira la cabeza,
sostiene en mí sus ojos,
me escucha, y yo presiento que me piensa,
hay una paz que abraza en su mirada,
le digo sin hablar, ¡Qué bueno eres!
Y el tiempo se hace eterno en su presencia.
Él pide y no suplica,
me lleva a la cocina,
solicita comer,
se sienta al pie del plato,
come y bebe y me mira agradecido
y se va y se refugia entre las mantas,
es octubre y la casa ubica al norte,
tiene frío, no tiene pelo,
se llama Pellejito
y está conmigo siempre.

Van Gogh pintó la forma y le dio brillo,
pintó la luz que su color refleja,
y en el cuadro dejó la moraleja
del tiempo, del otoño y del membrillo.

Es un cuento por sabio y por sencillo
que relata el otoño y aconseja
que revive la vida, porque aleja
la idea de la muerte en su amarillo.

Antonio López sol pintó del fruto,
los pinceló esparcidos por el suelo
y reflejó su aroma y su atributo.

Yo abrazo su interior y lo develo
y recibo su aroma y lo disfruto
y convierto ese fruto en caramelo.

Llegan las sombras y la niebla llega,
y el frío acude si tiembla la palabra,
si se refugia en tu interior se esconde,
y se duerme despacio en el silencio.
Si la palabra calla, algo nos vence,
se hace hielo el acento,
la denuncia descansa en el olvido
y en el amor se paraliza el beso.
Hoy estamos aquí para donarla,
para sembrar palabras en tus manos
y calentar el sueño de un poema.
Hoy estamos aquí porque la espera
se hace insostenible ante el abrazo
que busca la palabra del consuelo.
Estamos para dar sin concesiones,
para sumar en voz conocimientos.
Si al canto acude, la palabra vuela,
y el verso se hace hogar entre nosotros.

A Rocío Pastor Eugenio

Es el otoño luz en la mañana
de la mirada azul de tu sonrisa,
la noche larimar
si tu palabra besa
y abriga al desencanto
y constela el cielo del abrazo.
Todo es azul,
y todo crece si el azul lo nombra.
Es añil el invierno
y la nieve es azur cuando blanquea,
y el manantial que brota zarca
y la lluvia turquesa
si tu pupila llora,
la noche cuarzo claro si la luna
en tu mirar sonríe.
Y tus pasos azulan el camino
y el abrazo se vuelve azul al beso.
La prímula zafiro porque nace
en la memoria frágil de lo eterno.
El tiempo azul cuando la mar descansa.
El rocío es azul porque te nombra.

El otoño es un llanto de hojas
con un tapiz de sueño
de lentas pinceladas
que espera desde siempre un verso nuevo.
Quizás la primavera le sonría
y broten tras las lluvias las palabras.
Somos otoño y ramas nuestros brazos,
y son hojas las manos si acarician
el rostro y las pupilas del invierno,
si recogen paciente el agua en ellas
y abrigo son para alejar la noche.
Y somos renacida primavera
si vuelve la raíz de savia contenida
a sembrar el abrazo en nuestras manos.

Y somos tierra para sembrar otoños,
para esparcir semillas somos verso,
abono en el abrazo y el susurro,
y pavesa al amor, y a la sequía llanto,
xilema somos y savia conducida
hacia las manos que el abrazo espera.
Si no es así, sólo seremos páramo.

Sigo buscando la palabra,
el hogar de tus manos,
su sitio y su acomodo.
El verbo que los pasos
llevan hacia tu casa
los acentos que dan
sentido a las esdrújulas.
Recogeré contigo en sus orillas
la sal y el agua, el vino del poema,
y busco el faro que ilumine el beso
que a tus pasos guía,
para que nada evite
que la palabra crezca
siendo abrazo y estribo
para sembrar poemas en tu pecho.

El llanto es la defensa porque avisa,
nos protege de aquello que incomoda,
si el hambre duele o la sed inquieta,
si abres los ojos y la luz te daña
o si ciega la noche en tus pupilas.
Lloramos al nacer
y en el paso del tiempo
manantiales de lágrimas
en nuestro ser renacen.
Ponemos dique al llanto
cuando la pena ahoga,
y es tan débil la piedra que sostiene
el muro que a los ojos cierra,
que brotan los sollozos
como un caudal de nieve
y solo en el abrazo disminuyen
si compartes con otro la tristeza.
El tiempo se detiene en una lágrima,
mas también la sonrisa te acompaña
y seca el llanto que el dolor procura
si el beso en otros besos participa.

Nada puede impedir que el llanto asome
cuando la angustia su dolor reclama,
llama a la pena en el vacío, y llama,
y llama al manantial que se desplome.

Brota incansable el llanto y reconcome
la solidez, el tiempo, y se derrama
la voz que grita al grito si declama
que huya la pena y que a su hogar retome.

Porque llorar es algo inevitable,
demuestra que sentimos si lloramos,
y, por cierto, es apenas contestable.

De llorar y reír no nos libramos,
poco importa saberse vulnerable,
sufrimos y placemos cuando amamos.

¿Qué queda de ese tren, cuando fue rejo
y fue timón, corcel y fue pupila?
¿Qué queda de ese tiempo que destila
del eco la memoria que protejo?

¿Qué queda del ayer en el espejo
si al humo del recuerdo se deshila,
si en flecos del olvido se perfila
y en ese ayer, a mi presente alejo?

Ese tiempo veloz que en sumas hiere
solo es tiempo pasado que no drena.
Solo el presente la razón prefiere.

Se queda en el después firme la pena,
vaga la imagen del placer difiere
como si fuera el tiempo una condena.

En ese tren veloz
sin reloj, sin andén, sin estaciones,
el tiempo se sucede,
cruza vertiginosa
y acontece la vida,
y en ella nuestro paso se sustenta,
le dimos eco al silbo
que de cantar carece,
cuerda al reloj que nada significa,
razón al viento que al pasar confunde
el baile de los árboles,
asientos al andén
de extintas estaciones
para ser peregrinos del instante,
viajeros en la intimidad del túnel,
semillas a la luz de la foresta,
dueños de la caricia y la mañana,
leales al susurro de las flores
en este valle de frutos ofrecidos
para ser beso y sueño paralelo
en el trayecto que en vida nos ocupa.
Llegamos del ayer
al hoy en un suspiro,
para ser lo que somos y ser nada.
Humo tan solo en este mar inquieto,
en este espacio azul de la distancia.

Espero en un andén de nuestra España
al tren que en el olvido el llanto deje,
y nos lleve a un paisaje que despeje
de maleza la sombra que nos daña.

Con burlona sonrisa nos engaña
y teje olvido que en la ofensa teje,
consiente que el dolor al llanto veje,
y el poder y la iglesia le acompaña.

Verdugo es el poder que por rehenes
bajo la tierra guarda calaveras
y le niega su nombre al esqueleto.

Espero un tren resucitando andenes,
zanjas, ríos, canales y riberas,
por dignidad, justicia, y por decreto.

Espero un tren por dignidad que arribe,
ha de llegar, porque el descanso aguarda
paciente en el olvido, mientras tarda
en llegar el abrazo, ¿Quién concibe

que tanto horror persista?, ¿Quién prohíbe
que no se busque el nombre?, ¿Quién retarda
la solución, el tiempo y se acobarda?
Cuando el dolor solo dolor recibe.

Se mantiene la herida, no se cierra,
se ha de cerrar la herida en el remanso
si al dolor dignidad en paz le diese.

Las cunetas abrid, abrid la tierra,
recuperad los nombres y el descanso,
fecundadlas de paz, que el llanto cese.

Hoy canto en el compás de la espinela
al tiempo, en el acento de tu nombre,
y el personal acento del pronombre
vuela sobre la mar y sobrevuela,
sigo surcando el mar, busco tu estela,
quiero llegar al puerto de tus manos,
al refugio solar de los veranos,
al abrigo nocturno del abrazo,
música, nombre, verso en ese lazo
que en semillas trasladen los vilanos.

Es nuestro tiempo un tren sin estaciones,
cruza por valles, cumbres y barrancos,
y tajos y pendientes y taludes,
y puertos y laderas y gargantas,
no descansa, no duerme,
ni en estación ninguna se cobija,
en cada paso su silencio guarda
o su trajín desciende,
pero presente queda
en la ilusión que deja en el paisaje.
No tiene ventanales este tiempo
para jugar contando la arboleda
que al transitar el viento difumina,
nos queda en la presencia de este paso
una niebla insistente,
y en el recuerdo deja
un otoño presente en el viaje.

Ni un mal gesto, ni un grito, ni un insulto,
ni amenaza, ni humillación, ni ofensas,
que no frenen tu voz, ni lo que piensas,
que ningún menosprecio quede oculto,
si tu denuncia es voz, será tumulto,
a todos nos degrada la violencia,
el hombre a de gritar por la decencia
unido a la mujer en la querella,
tan sólo la unidad la fuerza sella,
no dejemos maltrato por herencia.

Como gotas de lluvia, las palabras,
incesantes, revisten el asfalto
de espejos diminutos, cada verso
es un mar que duplica manantiales,
donde crece la sed y el verso es agua.

Cruza el tiempo en su tren sin estaciones,
pasa de largo, apenas se entretiene,
no mira de soslayo, ni respira,
implacable, fugaz desaparece,
ni rastro queda, si le llamas huye,
no sentirás su paso, no detiene
su primitivo gesto inalterable,
la luz le identifica cuando vuelve,
la sombra si regresa le señala,
y un segundo tan sólo es necesario
para saber que existe si contemplas
la huella manifiesta de tus pasos.

Estoy feliz y hablo con el gato,
le cojo en brazos, le acuno,
levanta su cabeza, mira al techo,
le acaricio su cuello y se mantiene
tranquilo y se acomoda,
le llevo a la cocina y le preparo
en un plato pequeño su comida,
caliento mi café mientras le observo,
¡Tenemos que escribir! Le digo,
levanta la mirada
y se aleja despacio hacia el estudio,
quieto queda mirando hacia la calle
sobre la mesa, al pie de la ventana.
Tenemos por conductas estos hábitos,
él respeta mi tiempo y mis silencios,
yo respeto sus juegos, su descanso,
me llama si me duermo, y yo le busco
si dormido se queda entre las mantas,
entonces le cobijo en un arrullo
y le canto bajito mientras duerme.
Hace que el tiempo pase detenido
y se quede a jugar entre nosotros,
le digo nuevamente entre sonrisas
¡Qué bueno eres! Y me mira impasible,
y escribo en un papel, Pellejito sonríe,
lo advierto en su mirada.

A Rodolfo Serrano

Yo sé que volverán los días luminosos
y las calles abiertas y las tabernas cálidas.
RODOLFO SERRANO

Caminar a tu lado por abiertas
calles de luz y bares de nostalgia,
de cálidos instantes y reposo,
de cruces indecisos, y de plazas sin nombre,
y recorrer cantinas olvidadas
donde el vino sestea en la memoria
y el brindis se hace eterno entre nosotros
es lo que quiero hacer, si me consientes.
Iré contigo allí donde la noche
respira amaneceres, donde la paz descansa
en tus versos de vino y residencia.
Los días luminosos que recitas
y las calles abiertas que propones
tan solo en tus palabras se edifican
y en árbol que oxigena se construyen.
Tenemos tiempo aún, la vida espera
no ha sido tarde el tiempo que nos une
un instante contigo es infinito.
Para brindar te nombro en los andenes,
para cantar el tango en la añoranza
de farolas ajenas, desiertas estaciones,
de lejanas certezas en tabernas sin gente,
para brindar te pienso y te recito.

A Pellejito, 20 de marzo de 2020

Está contento, salta por los sofás, las sillas,
se refugia y observa entre las plantas,
corre y patina en el parqué, me mira,
le persigo y me escondo en los rincones,
se acerca sigiloso, le alcanzo y le sujeto,
le cojo en brazos y bailamos un vals por la cocina,
él está sorprendido,
se alegra de tenerme siempre en casa.
No entiende del refugio en cuarentena,
él la soporta en su vivir diario.
Pellejito me sigue a todas partes
se encarama en mis hombros
y allí se queda el tiempo que prefiere.
Mientras escribo me respeta,
quieto se queda en el estudio.
Le da sentido al tiempo.
Se asoma a la ventana mientras canto
y pensará quizás mientras me escucha
—qué suerte tiene aquél cuando pasea
en silencio, y va pensando en sus cosas.
Y a su pesar me sigue y me acompaña.

Marzo de 2020

No llama a nuestra puerta y pasa,
y deshace la vida sin aviso,
y se aleja buscando otras ventanas
en su incesante búsqueda la muerte.
Y marzo nos distancia primaveras
cuando brota la vida en su conjunto.
Un frío nos penetra y nos separa
de un silencioso adiós sin despedida.
La muerte es abandono
si del último beso nos aíslan.
Asoma la tristeza en el retiro
cuando en el claustro el llanto desespera.
El adiós es un brindis que proclamo
por tenerte presente en el recuerdo.
En esta despedida serás aire,
polvo serás que el viento difumina,
siendo el humo de ayer la última imagen
que en las nubes de azul te perpetúan.

Marzo de 2020

Cada palmada un nombre que pronuncio,
cada suspiro, aliento, si precisas
en este encierro que a la paz provoca.
En esta lucha ciega la esperanza
sin horizonte huye y desconfía
en este campo de batalla umbrío.
Sigo aplaudiendo a todos los que luchan
con su ejemplo de abrazo dilatado.
El tiempo se detiene en cada lágrima.

A Rocío Pastor Eugenio

Firme en la tierra, en tu horizonte el mar
y alegre tu mirada en la sonrisa,
fija y segura vas, retando al viento,
tú llevas el timón y el salvavidas
en tu actitud valiente,
marinera de azules y de estrellas.
Sola en la arena y no te sientes sola,
la soledad no existe en tu diadema.
Hoy todo nos acerca al mar,
porque te pienso en él y entre sus olas
te nombro y te requiero,
y sé que te acompañan los azules que en tu mirar reposan,
el mar que te menciona, el verso que te canta, la luna que te sigue.
Sembramos nuestro tiempo
de instantes y vivencias que nos seguirán siempre,
unos, se mantienen erguidos porque el abrazo perdura en la distancia,
otras se desvanecen porque es más fuerte el beso que el nudo que los ata.
Es la causa de convivir a pecho descubierto.
Es tiempo ahora de recoger el fruto.
Plantamos en la sequía y en las lluvias de abril nuestras semillas de vida y esperanza
y regamos con experiencias el bancal que nos protege.
Seguimos sembrando vida.
Mantienes la fuerza y la firmeza al paso del tiempo en tu creciente luna.

Abril de 2020

Crece la flor en un abril que aplaza
el encuentro y el beso en el abrazo,
el recuerdo, y el canto en la distancia,
mientras crece la luz desorientada.
Fresca la noche en su quietud aguarda
los pasos distraídos de los ecos
de un bullicio cercano en el paseo.

Cercanas las canciones sobrevuelan
y en torno al escenario sobreviven,
en ellas brota la razón que enlaza
en un abril de ansiadas inquietudes,
arte, amistad, canción, y verso y pausa,
y en sus cuerpos desnudos reflejado
queda la luz que la esperanza acecha.

Hoy nos toca mirar por la ventana
para observar los brotes florecidos
y ver crecer las renacidas hojas.
Volveremos al canto y las raíces,
a la savia creciente y desatada,
al abrazo y al beso que nos nombra.

Se prende el tiempo en la madera ajada
en la puerta se agrietan las astillas
y el óxido envejece cerraduras,
almagra la pintura repetida
y se nubla el barniz, y en la mirilla
se refleja una luz amordazada,
ya no se escucha el canto de las llaves
en su trajín diario de apertura
en su ritmo de acostumbrados golpes.

Elijo la ventana para mirar las nubes,
para alcanzar la luz entre cristales,
para llegar al árbol que diviso
de verdes ramas, florecidos brotes.
Y soy la puerta abierta que te espera
con manos agrietadas, pelo cano,
nublados ojos, brazos imprudentes,
con desatada voz en mi recinto.

Toma las llaves de mi casa ahora,
te espero en el umbral de mi sosiego,
mis ventanas reflejan certidumbre.

Abril en la mañana se deslumbra,
pues nace tu sonrisa y se solaza,
y de luces y flores se disfraza
y a sonreír contigo se acostumbra.

Se acerca abril, aleja la penumbra,
y la sombra de invierno se desplaza,
me ciñe tu sonrisa porque enlaza
abrazo y amistad y al verso alumbra.

Si mi palabra cual pardal revuela
y en las calles anida o reverdece,
si se aloja ya en manos, si consuela,

si en las casas se aloja y se guarece,
si ofrece amor y en la esperanza vela,
es por tu abrazo, que a mi verso mece.

A Laura Pastor Eugenio

La suma de los años no es el tiempo
que extiende y suma y que mayor nos hace,
sólo el tiempo que vida disfrutamos
suma lunas y suma atardeceres,
y suma, si cruzamos horizontes
para vencer obstáculos de niebla,
si el pulso se acelera y la alegría
brota indomable ávida de vida
cual manantial naciente,
sólo el tiempo que al afecto acude
con lágrimas reúne y besos alza
es el tiempo que cuenta y te pervive,
si saltas, vuelas, ríes, lloras, amas,
bailas, denuncias, cantas, y defiendes,
si corres a la luz y la proteges
y vives años que tu tiempo ocupa.
Lo demás es vacío que no suma,
es ábaco de fácil aritmética
sin pulsos y sin lágrimas, ni júbilo.
La edad es una anécdota imprecisa
que pretende inhibirnos del contento
si pensamos que el tiempo nos distancia
de la búsqueda del juego y la caricia.

El final del verano se avecina,
atrás queda el calor de madrugada,
el tórrido sol, y el ocio vespertino,
la sofocante noche aún despierta,
el sueño inacabado que amanece,
los abrazos ardientes y la cerveza helada.
Atrás queda la luz que perezosa
se aleja de la noche que la espera
al encuentro de fiesta y algazara,
la desnudez precisa y el descanso,
las quejas al calor por insufrible,
el mar enmarañado, la mudez de la sierra.
Y se acerca el otoño sigiloso,
impasible en sus hojas desprendidas
augura el renacer de la simiente
y protege la vida y sus principios
y salvaguarda el fruto en su letargo
y antecede al invierno con su actitud de lluvia.
Prefiero el sol, que el cuerpo me tatúa,
los días luminosos, su delirio,
su vida desatada, su alegría,
su sabor contagioso de cerezas,
su develado mar de estrellas, su nívea luna.
Tiempo tendré cuando una noche fría,
me cubra de silencio imperturbable,
y un invierno obstinado en niebla me convierta.

Que pase el tiempo y pase por nosotros,
le daremos razón de ser,
él no sabe si existe tan siquiera,
él pasa inadvertido
en su girar constante,
que pase el tiempo al ritmo que propone
le invitaremos siempre a nuestra fiesta.

Si fuesen las palabras un regalo,
si fueran el abrazo que procuro,
si con ellas te alejo de lo oscuro
y en tus ojos las sombras desinstalo,
si fuesen las palabras que señalo
dádiva alegre, intento prematuro,
si fuesen alegría me figuro
un mar en tu sonrisa que desalo,
y un viento azul hacia tu mar inhalo
puro de amor y de ilusiones puro.

Si fuesen las palabras esa prenda,
abrigo y protección del desamparo
y fuesen bálsamo, pomada, amparo
y fuesen en el beso, beso, ofrenda,
si fuesen el amor que amar pretenda,
si fuese así y por querer declaro
que escribiré sin horas, sin reparo
para que la palabra se desprenda
te acompañe en el beso y en la senda
y sea caricia y luz, y mar, y faro.

Porque de nada vale que te escriba
sin el perdón por maldecirte a veces
si en recuerdos activos apareces
ya que el perdón no existe si no olvida.

Y el olvido no existe cuando anida
un recelo que aumenta sus dobleces
y al recuerdo traidor de amor guareces
si dejas la mentira retenida.

Esa mentira añade reincidencia,
perdón, dolor, olvido que adoleces,
pasivo pasa el tiempo en su cadencia.

Y regresa el dolor cuando obedeces
al pasado que alienta la insistencia
y en llantos del pasado reapareces.

De nada vale que te escriba a veces.

Huir de los fantasmas no es tan fácil
cuando acechan en sueños y persiguen
en el tiempo tu paz para el olvido,
si vuelve al despertar la incertidumbre
y alimentan el odio que sujeta
el miedo si a la duda te conduce.
Es efímero el tiempo y desalarse
es la razón que invoco en este instante
para seguir sembrando cuanto escribo
ya que en años dejé en el abandono
morir la sementera.
Qué retrocesos doy
cuando la luna avanza,
si fuesen las palabras la semilla
que al brotar en tus manos florecieran
y un aroma de sol en la amapola
quedase para siempre en tus inviernos.

Ahora me conduce la nostalgia
al recuerdo de los acantilados,
el mar atardecía
y el beso naufragaba.

Por tanto, llevaré entre manantiales
limpias palabras que hacia el mar elevan
amanecidas olas entre espumas
donde el amor en su caudal descansa.
Limpias palabras por amar te escribo,
subrayo amor en lunas de tus manos
y en mares de tus ojos luz anoto,
dicto y asiento que quererte quiero
con la premura que el anhelo ansía,
rotulo el nombre que en mis labios beso,
ese nombre que en lazos documento,
y nombro y llamo y firmo si rotulo,
y trazo en el papel y le dibujo
y asiento que te quiero sin engaños,
copio y trascribo amor porque te quiero
y en este verso mi querer consigno,
y escribo amor mil veces si te nombro.

Vuelvo al papel en blanco, al lapicero,
vuelvo a mirar por la ventana ausente,
mientras recuerdos del ayer procuro
y un racimo de versos edifican
el poema que escribo en este instante,
son olas en un mar enfurecido
de acentos y palabras.
Son gritos de dolor enardecidos.
Hay tanto que decir en el presente.
Los hechos ya señalan la injusticia.
El tiempo es insensible a la mentira
y en ella recupera la ignorancia
el inculto que en fuerzas reaparece
y eleva el grito si la razón ignora
y en el dolor al tránsito nos lleva.
Este pasado que la vergüenza guarda
se hace presente en muerte la violencia,
y el odio en la ignorancia se sustenta,
y un vacío interior nos desconsuela.

Este mayo de sol que te acompaña
reverbera la luz y tu sonrisa
y renace la vida y sus estelas.
Todo acontece si la vida llama,
si la amistad en besos perpetúa,
y a brindar por la vida nos convoca.

La vida es una flor adolescente,
eterna nace y crece y te acompaña,
y se origina en ti, y late nueva
al pulso inevitable de tus pasos.
Florecerá de nuevo a cada instante,
en cada paso que tu hacer provoque,
en cada beso que tu amor proponga.
Se apagará cuando tus pasos cedan,
cuando el invierno invada tus raíces.

Mientras tanto procura en ese espacio
que late vida y beso conmemora
en tus actos dejar aprendizaje
de tus avances firmes en la senda,
de tus torpes tropiezos señalados,
para que encuentren vía despejada
nuevas vidas que en otros se originen.

Estado de alarma, mayo de 2020

Guardo impaciente, abrazos para darte,
extendidas mis manos te reclaman
inmóviles al tiempo en la sequía.
Mis manos de caricias están llenas,
mis labios desatados sólo esperan
llenar de besos los labios de la vida,
no saben esperar en el anhelo
del encuentro que por hablarte ansío.
Son mis manos sequía de tus manos,
tienen mis brazos sed de tus caricias
y mis ojos sequía de tus ojos,
y en ellos un oasis para darte.
Hay refugio de paz en el abrazo
y en la esperanza que el encuentro añora.
Y el tiempo en este verso se detiene.
Si unas horas de espera es un suplicio
dime que son en esta cuarentena
tres meses sin abrazos, y sin verte.

A Soria

Me enamora la iglesia San Juan de Rabanera,
tan céntrica, tan firme y soleada,
su acogedora sombra que en su interior habita.
La de Santo Domingo me cautiva,
su portada, su rosetón central,
su hospitalario espacio,
la herida en su pared porque acaricia
el paso irrefrenable de los tiempos.
Los arcos de San Juan de Duero
su monasterio altivo en su derrumbe,
la misteriosa huella del pasado,
la silenciosa paz que paz contagia,
el mágico secreto de la piedra,
el frágil equilibrio de lo pulcro,
la memoria precisa de lo efímero
que el monte de las ánimas protege.
En el parque temático de Olmedo
se alza sobre la cueva de Peñalba
la ermita octagonal de San Saturio,
baña en su placidez las aguas frías
de un ancho Duero en su quietud latente
las orillas que al paso pertenecen,
dejando en su refugio la paciencia
que la belleza en curso deposita.
Y Soria me pasea por sus calles,
me entretiene en sus pasos y aconseja,
y descubro rincones donde habita
el tiempo detenido.

A descansar me siento en la Alameda
frente al árbol callado de la música,
ante el silencio que la paz provoca,
queda una luz del olmo centenario,
una huella invisible que acontece,
en su lugar, se eleva hacia las nubes
un castaño frondoso
de plagiadas semillas.
En agosto los libros se presentan
y las palabras vuelan incansables
y murmuran inquietos los poemas
y en sus calles el verso se adivina.
Cae la noche y se levanta el sueño
y despiertan sus piedras de la sombra
que abandonó la historia en sus recodos
y mágica la noche nos pasea
por la luz del pasado y su misterio.
Te recuerdo y me acerco a la nostalgia
para esperar el tiempo del regreso,
volver será la causa que preciso
para vivir prendido entre tus redes.

No hay una cuna cálida que acoja
en abrazos de luz al ser que nace,
ni sábanas que arropen su descanso,
ni futuro, ni hogar que les proteja.
Desnudos a la vida se presentan
y en desnudez caminan sin abrigo,
no merecen el mundo que reciben
ellos no son culpables del delito
que nosotros en acto ejecutamos.
Ignoramos errores del pasado
y en los mismos errores coexistimos.
De antemano vencidos se presentan
esclavos a la vida.
Heredarán la deuda que tenemos
de ingratitud y escasa tolerancia,
de rencores y envidia tolerada.
Somos culpables si al fracaso llegan,
si no alcanzan a ver en las espigas
la colmena de sal y de alimento,
si no encuentran azules en la noche
para sumar abrazos en la entrega,
si no encuentran la luz que se desprende
del misterioso sueño del abrazo.
Y seremos culpables si no aman.

A Rocío Pastor Eugenio
A Laura Pastor Eugenio

Pero quise teneros porque amaba
y sigo amando este lugar que habito,
amo la luz que mora en sus rincones,
el límite de sal que la protege,
el Oeste de sol atardecido,
la honradez de sus gentes, sus costumbres,
el vino y sus provincias soleadas,
en el Norte su lluvia previsible,
la blancura del Sur y sus balcones
abiertos a la vida,
la clara amanecida de Levante
que de mañana la esperanza augura.
Me enamoran sus valles y sus prados,
sus cosechas, sus pastos, sus trigales,
sus cordilleras, ríos y sus mares.
Su canto, su cultura y sus poetas.
Quise teneros para enseñaros todo
y compartir el pan que desigual
cada región y cada cual amasa,
diferente de otra y por distinto
el clima en su sabor placer señala.
En esta tierra estáis, en estos mares,
respirad de su sol y de su sal
que de mi mano a vuestra mano ofrezco.

A Carmen Utrilla Moya "Córdoba"

Campo de la Verdad, su barrio, el puente
une a la catedral, al barrio alcanza,
puente viejo le llaman y él se alza
estable y señorial en la corriente

del río que lo baña, y él paciente
deja el agua pasar, y el río ensalza
perpetuo su caudal y lo realza
y en sus arcos su fuerza está presente.

La mezquita me espera en su silencio
y en mi silencio la mezquita admiro
y admiro la calleja de las flores.

En sus calles de luz la luz presencio
¡Patio de los Naranjos! ¡Te respiro!
Córdoba del amor y sus amores.

Respira del rocío la mañana,
el sol doncel apenas amanece,
cubre de velo la estación, parece
que la niebla en tu sombra adiós hilvana.

Tibia queda la voz, triste y ufana
en ese tren que en ti desaparece,
llevas vacía la maleta y crece
del ayer el adiós que te desgrana.

¿Cuántos trenes cruzaron en la espera
veloces sin parar por los andenes
que fueron del pasado tu alegría?

¿Cuántos paisajes son en la quimera
de tus ojos, tus pasos, tus vaivenes
en este adiós de niebla y lejanía?

Llueve, de pronto llueve,
la tarde se oscurece,
se refugia en sus sombras,
puñal de luz y el cielo se hace herida,
y el tiempo pasa y el silencio espera,
y un disparo al espacio sobrecoge,
la tierra se humedece
y se respira vida del entorno
mientras llueve también en mi recinto.
Tú eres daga de sombra a mis umbrales
y estallido y herida en mi tormenta.
Pasa el viento veloz, no se entretiene
al frescor de la tierra que suspira,
como un ser enfadado se despide,
zarandea las ramas al baile de sus pasos,
los árboles son alas extendidas
que danzan y se agitan, se inclinan, se levantan,
y tú eres viento que el adiós provoca,
mis brazos son las ramas que deshaces,
y mi pecho la tierra que te aguarda,
tú, el huracán que ha naufragar me inclina,
yo el verso triste que la lluvia versa.

Hoy sale el sol, la luz se extiende toda
como sábana nueva y perfumada,
hoy sale el sol y el viento es un susurro
que acuna realidades,
se llevaron las dudas la tormenta,
se desperezá el alba, sonríe el horizonte
en su extensión marina,
y canta el agua en su viajar perenne,
y la tierra respira
y la semilla crece.
Deja la vida flor en su reposo
y el fruto deja vida en su alimento,
y gira el laberinto de las horas
en su trajín de luces y de lunas,
y el tiempo es insensible como siempre
si regresa al reloj que pertenece,
sin arenas, sin sol, y sin esferas
en ese tren veloz sin estaciones.

Me quedo en la humedad de su recinto,
en la proclama que al amor me lleva,
me quedo en la pasión que se renueva
en sus labios de sed y laberinto.

Boca abierta, volcán, rosa, corinto,
el color de la llama se subleva,
el mástil del amor al mar se eleva,
y a sus labios me sello y me precinto.

El tiempo no existía en ese beso,
fue caricia de amor y fue inasible
y a su recuerdo por vivir, regreso.

En el tiempo se queda inamovible
ese beso de amor del que fui preso
en un verso en verdad inmarcesible.

A Valentín Martín
En la presentación de su libro "De Madrid al limbo"
13 de enero de 2022

Estuve allí, hoy todo me suscita,
aún después, se queda en la simiente
ese mar de Ferris que vino ausente
y el sol de Santa Inés que en mar crepita.

Queda escrita tu voz y queda escrita
y abierta queda eterna en esa fuente
dicente tu palabra en nuestra frente
y en nuestro pecho-hogar tu voz habita.

Abrigo fue, y bálsamo y sonrisa,
y perezosa lágrima y consuelo
y qué emoción mantengo en este lado

donde espero el abrazo que divisa
el mar y el sol y el verso en este suelo
siendo tú mi refugio y mi cayado.

A Celso Pastor Gaitero

He sabido que estás, que siempre has sido
vigía, estribo, faro en la vereda,
le quitaste hojarasca a la arboleda
y pude ver la luz en el ejido.

Eres señal, cayado, si perdido
me cubre el mar de sombra, sal, y greda,
eres abrazo que el abrazo hereda,
corona de laurel si estoy vencido.

Nos distanció la edad, hermano mío,
yo era un niño de juegos revoltoso,
tú eras el hombre que al trabajo alcanza.

Fui creciendo feliz, a mi albedrío,
en este escrito tu recuerdo gloso,
y agradezco tu ayuda y tu enseñanza.

A Miguel Hernández

Sombra verde la sombra de tu higuera,
fresca de luz la sombra al patio cede
y el silencio te nombra y te precede
y recito tus cantos en la espera

por escuchar tu voz. Si apareciera
en el ayer tu viento y retrocede
tu imagen sanadora, que se hospede
en la memoria tu verso en mi cadera.

Te cantaré, no cesa el rayo en lunas,
tu voz presente en el amor sucede
vivo tu verso en el amor acunas.

Te cantaré por siempre, que se quede
tu verso en la salud de las vacunas
y el canto nuevo a tu discurso herede.

Índice

Esta obra
se acabó de imprimir
con los auspicios de
Charo Fierro y
Antonio J. Huerga, editores

FINIS CORONAT OPUS